Minipanelas

V&R EDITORAS

Sumário

Prefácio 5

Caldo de legumes 7 receita básica

Pratos com carne

Aspargos grelhados embrulhados em presunto de Parma 12 entrada ou acompanhamento

Lasanha de legumes 15 prato principal

Guisado de carne e damasco 16 prato principal

Bolo salgado de bacon e ameixa 34 prato para almoço

Queijo de cabra grelhado com presunto serrano 36 aperitivo

Pratos com peixe

Risoto com filé de tilápia 19 prato principal

Salmão grelhado com purê de salsão 20 prato principal

Espetinhos de panga e alecrim 26 entrada ou aperitivo

Suflê de espinafre com salmão defumado 29 prato para almoço ou acompanhamento

Caçarola de ovo e endro 33 prato para almoço

Pratos vegetarianos

Sopa de pimentão vermelho tostado 9 entrada

Sopa de alho assado 10 entrada

Guisado de lentilha com tikka masala 23 prato principal

Massa fresca com cogumelos grelhados 24 prato principal

Batatas gratinadas 31 acompanhamento

Sobremesas

Clafoutis de cereja e amaretto 39 sobremesa

Crumble de maçã com cookies de amêndoa 40 sobremesa

Suflê de chocolate amargo 42 sobremesa

Merengue de frutas vermelhas 45 sobremesa

Bolo de pera e amaretto 46 sobremesa

Prefácio

É uma daquelas noites. Os amigos aparecem e vão ficando para compartilhar algo para comer. É claro que você não quer servir os pratos de sempre. E vai precisar dar o máximo, de preferência sem ter que gastar horas na cozinha antes. Este definitivamente não será o caso aqui, pois com essas receitas de pratos preparados em minipanelas, você poderá fazer algo especial em menos tempo e dar o tom para uma noite de sucesso. Surpreenda seus convidados com uma deliciosa sopa caseira. E sirva o prato principal em porções individuais em vez de em uma panela grande. E, ainda melhor: você pode variar os pratos! Por exemplo, se um convidado é vegetariano, você pode preparar uma panelinha especial sem carne. É simples assim!

Neste livro você encontrará uma seleção de receitas de pratos doces e salgados, adequados para o almoço ou jantar, e sugestões para servir. Você pode prepará-los com as minipanelas que acompanham este livro, embora ter sua própria coleção de panelinhas aumente a diversão. Elas estão disponíveis por preços razoáveis em qualquer loja de utensílios domésticos. Todas as receitas servem quatro pessoas. Se tiver uma quantidade maior, ou menor, de convidados, basta ajustar os ingredientes de acordo com a necessidade.

Então... o que está esperando? O processo de cozinhar é bastante prazeroso. Enquanto os deliciosos aromas circulam por toda a casa, os convidados estarão ansiosos até o último momento na expectativa de vislumbrar o prato diante deles. Com as minipanelas, a surpresa é completa!

Bon appétit!

Caldo de legumes

O preparo de um caldo de legumes caseiro não precisa ser um processo demorado. Mas o esforço definitivamente vale a pena quando se experimenta o resultado. O caldo de legumes preparado na hora tem um sabor mais intenso e nutritivo do que a versão em cubos, industrializada. E o maravilhoso aroma circulando pela casa é uma vantagem extra. Por isso, esta receita básica de caldo de legumes foi incluída neste livro. E será a base de várias receitas.

Ingredientes
2 cenouras grandes
2 cebolas-roxas
4 talos de salsão
1,5 litro de água
2 ramos de tomilho
2 folhas de louro
2 ramos de alecrim
sal e pimenta-do-reino a gosto

Fatie as cenouras e as cebolas em rodelas finas. Corte grosseiramente os talos de aipo em cubos. Leve a água ao fogo até ferver e coloque os legumes. Amarre todas as ervas com um pedaço de barbante e coloque esse buquê na sopa. Deixe que o conteúdo cozinhe em fogo brando por 2 horas. Tempere com sal e pimenta-do-reino. Retire o buquê e os legumes da panela e reduza o caldo por mais 10 minutos, até que fique suculento e nutritivo, e perfeito para várias sopas, molhos e risotos.

Divirta-se muito cozinhando!

entrada vegetariana – rende 4 minipanelas

Sopa de pimentão vermelho tostado

Ingredientes

16 pimentões vermelhos
1 cebola-roxa
2 dentes de alho
sal e pimenta-do-reino a gosto
azeite de oliva extra virgem
500 ml de caldo de legumes
ramos de orégano ou tomilho

Itens necessários

assadeira
papel-manteiga
liquidificador ou mixer

Sugestão para servir

com pão rústico e manteiga com sal

Retire as sementes e as membranas do interior dos pimentões, e coloque-os em uma assadeira forrada com papel-manteiga. Corte a cebola-roxa em rodelas grossas e fatie o alho. Divida a cebola e o alho igualmente sobre os pimentões vermelhos. Tempere generosamente com sal e pimenta-do-reino, regue com o azeite e leve a assadeira ao forno. Toste os pimentões no forno pré-aquecido a 200°C por 30 minutos, até que os legumes estejam adocicados e moles. Transfira o conteúdo da assadeira para o liquidificador e acrescente o caldo de legumes. Ele pode ser preparado, como descrito na receita básica, ou você pode usar caldo pronto. Bata a mistura até ficar homogênea e firme. Divida a sopa em minipanelas e coloque no forno ainda quente por 10 minutos.

Antes de servir, regue com azeite de oliva extra virgem e decore com ramos de tomilho e orégano. Coloque as tampas nas panelinhas para manter a sopa aquecida. Sirva sobre tábuas grandes de madeira com pedaços de pão rústico e manteiga.

entrada vegetariana – rende 4 minipanelas

Sopa de alho assado

Ingredientes

4 batatas grandes
2 cabeças de alho grandes
1 cebola-roxa
azeite de oliva extra virgem
1 litro de caldo de legumes
2 colheres de sopa de mel
4 colheres de sopa de pesto fresco
4 colheres de sopa de creme de leite fresco
ramos de orégano ou tomilho
cebolinhas picadas para finalizar
sal e pimenta-do-reino a gosto

Itens necessários

assadeira
papel-manteiga
liquidificador ou mixer

Sugestão para servir

com pão rústico e azeite de oliva

Descasque as batatas e corte em rodelas finas. Lave os dentes de alho e organize uniformemente com as batatas em uma assadeira forrada com papel-manteiga. Corte a cebola-roxa em anéis grossos e divida igualmente entre as batatas e os dentes de alho. Tempere generosamente com sal e pimenta-do-reino, regue bem com o azeite e leve a assadeira ao forno. Asse a batata e o alho no forno pré-aquecido a 200°C por 30 minutos, até que os legumes estejam dourados e tenham ficado ligeiramente crocantes. Transfira para um liquidificador. Acrescente o caldo e o mel. Bata a mistura até ficar homogênea e firme. Divida a sopa em minipanelas e coloque no forno ainda quente por 10 minutos. Adicione um pouco de pesto e uma colher do creme de leite, decore com os ramos de tomilho ou orégano. Corte a cebolinha em rodelas bem finas e salpique sobre a sopa. Coloque as tampas nas panelinhas para manter a sopa aquecida. Sirva sobre tábuas grandes de madeira com pedaços de pão rústico e uma tigelinha com azeite de oliva.

entrada ou acompanhamento com carne
rende 4 minipanelas

Aspargos grelhados embrulhados em presunto de Parma

Ingredientes

1 kg de aspargos verdes
4 colheres de sopa de azeite de oliva
1 colher de sopa de ervas
1 dente de alho
16 fatias de presunto de Parma
sal a gosto

Itens necessários

panela
bistequeira
assadeira

Sugestão para servir

com carne e batatas assadas

Usando uma faca, retire e descarte o pedaço branco da parte de baixo dos aspargos, deixando cerca de 15 cm. Cozinhe em uma panela grande com água e uma pitada de sal por 5 minutos até ficarem *al dente.* Escorra e regue com o azeite de oliva Grelhe em uma bistequeira até ficarem no ponto e crocantes. Tempere com as ervas e o dente de alho amassado.
Divida os aspargos em 4 feixes e envolva cada um com presunto de Parma. Posicione os feixes em pé nas minipanelas e organize-as sobre uma assadeira. Coloque a assadeira no forno pré-aquecido a 200°C para finalizar. Asse por aproximadamente 8 minutos até que o presunto esteja no ponto e crocante. Sirva com um bom pedaço de carne e batatas assadas.

prato principal com carne – rende 4 minipanelas

Lasanha de legumes

Ingredientes

8 folhas de massa para lasanha
1 cebola-roxa em cubos
4 dentes de alho
1 alho-poró em rodelas
400 g de carne moída
1 colher de chá de alecrim
1 colher de chá de tomilho
sal e pimenta-do-reino a gosto
1 pimentão vermelho
1 lata de tomates picados
um pouco de vinho tinto
1 tomate em rodelas
200 g de queijo de cabra
ramos de orégano
azeite de oliva

Itens necessários

panela
panela para saltear
assadeira

Sugestão para servir

com salada verde e vinho tinto

Em uma panela grande, ferva a massa de lasanha por 8 minutos, até cozinhar. Salteie a cebola, o alho e as rodelas de alho-poró até dourar. Acrescente a carne moída, o alecrim, o tomilho, o sal e a pimenta-do-reino. Corte o pimentão em cubos e adicione à mistura de carne. Cozinhe por mais 5 minutos, em seguida acrescente os tomates picados e o vinho tinto. Coloque as minipanelas em uma assadeira e divida o molho de carne e as folhas de massa alternadamente entre elas. Termine com uma camada de molho. Decore com uma rodela grossa de tomate e polvilhe o queijo de cabra esfarelado.
Coloque a assadeira no forno e deixe gratinar por 10 minutos, até ficarem douradas e crocantes. Decore com um ramo de orégano e regue com o azeite. Sirva a lasanha com uma salada verde e uma taça de vinho tinto.

Guisado de carne e damasco

Ingredientes

600 g de filé de costela bovina
30 g de manteiga
4 dentes de alho
1 alho-poró em rodelas
1 cebola-roxa
100 ml de caldo de legumes
200 g de damasco seco
200 g de avelã
400 g de batata
250 ml de creme de leite batido
3 colheres de sopa de mostarda
sal e pimenta-do-reino a gosto
400 g de creme de espinafre
ramos de orégano
azeite de oliva

Itens necessários

panela tipo caçarola
2 panelas
espremedor de batatas
assadeira

Corte a carne em cubos. Coloque metade da manteiga na caçarola e frite os pedaços de carne. Fatie o alho, o alho-poró e a cebola em rodelas finas e junte à carne. Continue a fritar até que a cebola esteja dourada, em seguida adicione o caldo de legumes. Deixe cozinhar lentamente, em fogo brando, por 3 horas. Nos últimos 5 minutos, acrescente os damascos e as avelãs. Cozinhe as batatas. Amasse as batatas e adicione o restante da manteiga, o creme de leite batido e a mostarda, até obter um purê homogêneo. Tempere com um pouco de sal e pimenta-do-reino. Aqueça o creme de espinafre. Divida a mistura de carne entre 4 minipanelas. Espalhe uma boa camada de creme de espinafre e cubra com o purê de batata. Coloque as panelinhas em uma assadeira. Leve a assadeira ao forno por 10 minutos e gratine sob o grill até ficarem douradas e crocantes. Decore com um ramo de orégano e regue com o azeite.

prato principal com peixe – rende 4 minipanelas

Risoto com filé de tilápia

Ingredientes

15 g de manteiga
5 colheres de sopa de azeite de oliva extra virgem
1 cebola-roxa
4 dentes de alho
400 g de arroz arbóreo
500 ml de caldo de legumes
500 ml de vinho branco seco
4 pedaços de filé de tilápia
250 ml de creme de leite batido
200 g de queijo parmesão ralado
ramos de orégano, tomilho e alecrim
creme de leite fresco
limão, para finalizar

Itens necessários

panela para saltear
bistequeira

Aqueça a manteiga na panela junto com o azeite de oliva. Corte a cebola em cubos e pique bem o alho. Salteie até dourar. Acrescente o arroz arbóreo. Refogue até liberar o aroma. Acrescente um pouco de caldo de legumes a cada 5 minutos, enquanto mexe ligeiramente. Adicione o vinho ao risoto e deixe cozinhar em fogo brando por 20 minutos. Grelhe a tilápia em uma bistequeira até cozinhar, e depois fatie em tiras longas. Por último adicione ao risoto o creme de leite batido, o queijo ralado, o orégano, o tomilho e o alecrim. Divida o risoto nas minipanelas e coloque as tiras de peixe por cima. Coloque uma colherada de creme de leite em cada e adicione uma cunha de limão. Regue com um pouco de azeite e suco de limão, e decore com um ramo de alecrim ou tomilho antes de servir.

prato principal com peixe – rende 4 minipanelas

Salmão grelhado com purê de salsão

Ingredientes

4 filés grossos de salmão
1 colher de sopa de azeite de oliva extra virgem
1 colher de sopa de molho de soja
5 dentes de alho
2 limões
sal marinho e pimenta-do-reino a gosto
400 g de batata
400 g de salsão
250 ml de creme de leite batido
15 g de manteiga
cebolinha e endro fresco

Itens necessários

papel-alumínio
assadeira
panela
espremedor de batata
espremedor de alho

Sugestão para servir

com vinho branco (Chardonnay)

Corte 4 pedaços grandes de papel-alumínio. Coloque um pedaço de salmão sobre cada um. Regue com o azeite e o molho de soja. Pressione um dente de alho sobre cada pedaço de salmão, em seguida polvilhe raspas de limão e tempere com sal e pimenta-do-reino. Sele bem o papel-alumínio e coloque os pacotinhos em uma assadeira. Leve ao forno pré-aquecido a 200°C e asse por 20 minutos até cozinhar. Cozinhe as batatas e o salsão em uma panela grande com água e uma pitada de sal. Quando estiverem macios, escorra. Adicione o creme de leite batido e um dente de alho espremido, e amasse até formar um purê homogêneo. Por último, misture a manteiga. Coloque uma camada de purê de batatas nas minipanelas. Retire o peixe do forno e coloque um pedaço sobre o purê em cada panelinha. Cubra com cebolinha picada e cunhas de limão. Regue com um pouco de azeite e decore com um ramo de endro fresco antes de servir. Delicioso com uma taça de Chardonnay gelado.

Guisado de lentilha com tikka masala

Ingredientes
300 g de lentilha
1 pimentão vermelho
1 pimentão verde
3 dentes de alho
1 cebola-roxa
1 alho-poró
azeite de oliva extravirgem
1 colher de sopa de garam masala (tempero indiano)
200 g de espinafre fresco
4 colheres de sopa creme de leite fresco
endro fresco

Itens necessários
panela
panela para saltear

Sugestão para servir
com pão naan e tzatziki

Lave as lentilhas em água fria e cozinhe por 30 minutos em uma panela com água fervente. Corte os pimentões, o alho e a cebola em cubos e o alho-poró em rodelas. Aqueça um pouco de azeite de oliva com o garam masala, em uma panela para saltear. Acrescente os vegetais e as lentilhas e refogue até dourar. Adicione o espinafre no último minuto.
Divida a mistura entre as minipanelas. Coloque uma colherada de creme de leite e endro bem picado em cada panelinha. Por último, regue com uma boa quantidade de azeite. Sirva com pão naan e tzatziki caseiro.

prato principal vegetariano – rende 4 minipanelas

Massa fresca com cogumelos grelhados

Ingredientes

600 g de cogumelos variados
30 g de manteiga
2 colheres de sopa azeite de oliva extra virgem
tomilho fresco a gosto
sálvia fresca a gosto
sal a gosto
400 g de farfalle fresco
azeite de oliva
queijo parmesão
creme de leite fresco
cebolinha-francesa e sálvia

Itens necessários

panela para saltear
panela de macarrão

Sugestão para servir

com pão italiano e vinho tinto

Pique grosseiramente os cogumelos. Aqueça a manteiga e o azeite de oliva em uma panela para saltear. Adicione os cogumelos. Pique o tomilho e a sálvia bem finos e junte aos cogumelos. Refogue por aproximadamente 10 minutos. Se o prato estiver muito seco, acrescente um pouco de caldo de legumes para manter os cogumelos bonitos e suculentos. Acerte o sal. Leve 1 litro de água com uma pitada generosa de sal ao fogo até ferver e cozinhe o macarrão por cerca de 4 minutos. Escorra e regue generosamente com azeite. Divida a massa entre as minipanelas e coloque uma camada da mistura de cogumelos por cima. Espalhe com uma boa quantidade de queijo parmesão e coloque sob o grill quente por 4 minutos. Sirva as minipanelas sobre um prato grande, onde foram colocadas algumas fatias de pão rústico, um pratinho com um pouco de creme de leite fresco regado com azeite e uma taça de vinho tinto. Para finalizar, polvilhe com cebolinha-francesa e folhas de sálvia.

entrada ou aperitivo com peixe – rende 4 minipanelas

Espetinhos de panga e alecrim

Ingredientes

4 dentes de alho
azeite de oliva extra virgem
4 filés de panga
8 ramos de alecrim
8 azeitonas pretas
200 g de folhas de espinafre fresco
1 colher de sopa de mostarda
1 colher de sopa de vinagre de vinho
1 colher de sopa de açúcar
suco de limão
endro fresco

Itens necessários

pilão
bistequeira
1 tigela grande e 1 pequena

Sugestão para servir

com vinho branco

Coloque o alho e um pouco de azeite no pilão e amasse até obter uma pasta bem fina. Use para cobrir os filés. Aqueça um pouco de azeite em uma bistequeira e grelhe o peixe até estar cozido. Fatie os filés ao meio no sentido do comprimento, produzindo 8 pedaços. Retire as folhas dos ramos de alecrim, mas deixe as das pontas. Insira cada pedaço de peixe em um ramo e coloque uma azeitona na ponta inferior. Coloque o espinafre em uma tigela. Bata a mostarda, o azeite, o vinagre e o açúcar em uma tigela pequena até fazer um saboroso vinagrete. Misture com as folhas de espinafre. Divida a salada nas minipanelas e coloque os espetinhos de peixe por cima. Regue com o suco de limão e decore com um pouco de endro fresco antes de servir. Sirva o prato com uma taça de vinho branco gelado.

prato para almoço ou acompanhamento com peixe – rende 4 minipanelas

Suflê de espinafre com salmão defumado

Ingredientes

4 ovos
50 g de manteiga
50 g de farinha de trigo
400 ml de leite integral
200 g de queijo parmesão
400 g de salmão defumado
1 ramo de manjericão
400 g de creme de espinafre

Itens necessários

tigela
batedeira
panela
assadeira

Sugestão para servir

com salada verde e vinho branco (Chardonnay)

Separe os ovos e bata as claras até o ponto de neve. É importante que a tigela esteja fria e livre de gordura, para que as claras formem picos perfeitos. Derreta a manteiga em uma panela e coloque a farinha. Aos poucos, misture o leite até obter um molho homogêneo. Retire a panela do fogo e adicione ao molho as gemas, o queijo parmesão, o salmão defumado, o manjericão cortado na hora e o espinafre. Use uma espátula para incorporar delicadamente as claras.

Coloque as minipanelas em uma assadeira e unte cada uma com manteiga. Divida a mistura entre elas e asse os suflês por 30 minutos em forno pré-aquecido a 200°C, até estarem cozidos e dourados. Sirva os suflês em um prato decorativo com a salada verde e uma taça de chardonnay gelado.

acompanhamento vegetariano
rende 4 minipanelas

Batatas gratinadas

Ingredientes

1 kg de batatas com cascas
250 ml de creme de leite batido
4 dentes de alho
ramos de orégano, tomilho e alecrim
sal marinho e pimenta-do-reino
azeite de oliva extravirgem

Itens necessários

panela
assadeira

Sugestão para servir

com salada de rúcula fresca, hortelã e cebola-roxa

Cozinhe as batatas com casca em uma panela grande com água e uma pitada de sal. Escorra e corte as batatas em rodelas bem finas. Coloque as fatias formando uma espécie de rosa nas minipanelas. Comece pelo centro e continue a colocar as fatias, lado a lado. Acrescente uma porção de creme de leite batido a cada panelinha, pressione um dente de alho em cima e tempere com alecrim, sal marinho e pimenta-do-reino. Por último, regue com azeite de oliva e coloque sob o grill por 10 minutos até dourar. Regue com um pouco mais de azeite e decore com um ramo de orégano ou tomilho. Deliciosas com uma salada de rúcula fresca, hortelã e cebola-roxa com molho vinagrete.

prato para almoço com peixe
rende 4 minipanelas

Caçarola de ovo e endro

Ingredientes

4 ovos
½ colher de chá de estragão
sal marinho e pimenta-do-reino
fatias de pão italiano
400 g de salmão defumado
endro fresco

Itens necessários

refratário
assadeira

Sugestão para servir

com champanhe ou vinho branco espumante

Coloque as minipanelas em um refratário. Encha o refratário até um pouco mais da metade com água fervente. Quebre um ovo em cada panelinha e polvilhe o estragão, o sal marinho grosso e a pimenta-do-reino. Coloque o refratário no forno pré-aquecido a 200°C até que os ovos estejam cozidos. Torre as fatias de pão. Sirva as minipanelas sobre um prato decorativo. Coloque o salmão, o endro fresco e as fatias de pão em torno das panelinhas. Fica delicioso com uma taça de champanhe ou um vinho branco espumante.

prato para almoço com carne
rende 4 minipanelas

Bolo salgado de bacon e ameixa

Ingredientes

3 dentes de alho
4 cebolas-roxas
15 g de manteiga
1 colher de sopa de ervas
sal e pimenta-do-reino a gosto
5 colheres de sopa de mel
250 g de bacon em fatias
250 g de ameixa seca sem caroço
6 ovos
200 g de farinha de trigo com fermento
200 ml de azeite de oliva
250 g de queijo de cabra macio

Itens necessários

frigideira
assadeira

Sugestão para servir

com salada verde e vinho tinto

Pique bem o alho. Fatie as cebolas em anéis e frite na manteiga, com as ervas, o alho, o sal e a pimenta por 10 minutos em uma frigideira, até dourar. Acrescente o mel no último minuto. Frite as fatias de bacon até ficarem douradas e crocantes. Adicione a mistura de cebola e as ameixas e deixe esfriar ligeiramente. Bata os ovos em uma tigela até ficarem leves e aerados. Acrescente a farinha e o azeite. Continue batendo até obter uma massa homogênea. Com uma espátula, incorpore delicadamente à mistura de bacon e acrescente o queijo de cabra. Unte as minipanelas com manteiga e divida a mistura entre elas. Coloque-as em uma assadeira. Leve ao forno pré-aquecido a 200°C e asse os bolos por aproximadamente 25 minutos até ficarem dourados. Sirva com salada verde e uma taça de vinho tinto.

Queijo de cabra grelhado com presunto serrano

Ingredientes

500 g de queijo de cabra macio
8 fatias de presunto serrano
8 ramos de alecrim
4 colheres de sopa de mel
sal marinho e pimenta-do-reino a gosto
ramos de tomilho e alecrim

Itens necessários

assadeira

Sugestão para servir

com uvas concord, pão camponês e vinho tinto, ou com rúcula, nozes, framboesas frescas e vinagrete

Corte o queijo de cabra em 8 fatias grossas. Enrole cada uma com uma fatia de presunto serrano. Retire as folhas pontiagudas dos ramos de alecrim, mas deixe as das pontas. Com os ramos espete o queijo de cabra para fixar bem o presunto.

Unte as minipanelas e coloque 2 rolinhos de queijo e presunto em cada uma. Coloque as panelinhas em uma assadeira e leve ao forno pré-aquecido a 200°C. Asse por 10 minutos, até amolecer e dourar. Retire do forno, regue com mel e tempere com sal e pimenta-do-reino. Decore com um ramo de alecrim ou tomilho. Sirva em pratos decorativos com um cacho de uvas concord e fatias grossas de pão camponês, cortadas na hora, e com uma boa taça de vinho tinto. Estes queijos de cabra também ficam deliciosos sobre uma cama de rúcula, com nozes, framboesas frescas e um saboroso molho vinagrete.

sobremesa – rende 4 minipanelas

Clafoutis de cereja e amaretto

Ingredientes

100 g de açúcar
150 g de farinha de trigo com fermento
1 sachê de açúcar de baunilha
4 ovos
250 ml de creme de leite batido
250 g de cereja
100 ml de amaretto

Itens necessários

tigela
batedeira
assadeira

Sugestão para servir

com açúcar de confeiteiro e chantili fresco

Esta receita originalmente francesa é preparada em pouquíssimo tempo. Coloque o açúcar, a farinha, o açúcar de baunilha e os ovos em uma tigela. Bata até que a massa esteja leve, aerada e homogênea. O creme de leite batido é misturado por último. Retire os caroços das cerejas e deixe-as de molho no amaretto por 1 hora. Escorra. Coloque as minipanelas em uma assadeira e unte cada uma com manteiga. Polvilhe no interior de cada uma o açúcar e divida a massa entre elas. Reparta as cerejas igualmente. Asse os clafoutis no forno pré-aquecido a 200°C por 40 minutos, até ficarem dourados. Sirva sobre um prato decorativo com açúcar de confeiteiro e chantili fresco.

sobremesa – rende 4 minipanelas

Crumble de maçã com cookies de amêndoa

Ingredientes

1,5 kg de maçã
1 colher de sopa de canela
100 g de açúcar
200 g de cookies de amêndoa
8 colheres de sopa de amaretto
250 g de farinha de trigo com fermento
200 g de açúcar mascavo
200 g de manteiga
250 ml de creme de leite batido na hora

Itens necessários

tigela
assadeira

Sugestão para servir

com chá de hortelã ou vinho do porto tinto

Descasque e corte as maçãs em cubos. Divida entre as minipanelas e polvilhe canela e açúcar. Esfarele os cookies de amêndoas e misture bem com os pedaços de maçã. Regue cada panelinha com 2 colheres de sopa de amaretto.

Para fazer a farofa, misture a farinha de trigo com fermento, o açúcar mascavo e a manteiga. Esfarele a massa e divida igualmente entre as minipanelas. Coloque as panelinhas em uma assadeira. Leve ao forno pré-aquecido a 200°C e asse os crumbles por 25 minutos, até dourarem. Bata o creme de leite até ficar semiespesso. Sirva as minipanelas com uma boa porção de creme e uma xícara de chá de hortelã quente ou uma taça de vinho do porto tinto.

sobremesa – rende 4 minipanelas

Suflê de chocolate amargo

Ingredientes

4 ovos
100 g de açúcar de confeiteiro
200 g de chocolate amargo
50 ml de licor Grand Marnier
manteiga
cacau puro em pó

Itens necessários

tigelas
batedeira
assadeira

Sugestão para servir

com açúcar de confeiteiro e chantili fresco ou uma bola de sorvete de baunilha

Separe os ovos e bata as claras com o açúcar até o ponto de neve. Derreta o chocolate em banho-maria e adicione o Grand Marnier. Bata as gemas até ficarem leves e aeradas e, usando uma espátula, incorpore delicadamente à mistura de chocolate.
Aos poucos, junte a mistura de chocolate às claras em neve. Coloque as minipanelas em uma assadeira e unte cada uma com manteiga e polvilhe o interior com o cacau em pó. Divida a massa de chocolate igualmente entre as quatro panelinhas. Asse os suflês por 30 minutos no forno pré-aquecido a 200°C. Sirva em um prato decorativo, polvilhados com o açúcar de confeiteiro e decore com uma porção de chantili fresco ou uma bola de sorvete de baunilha.

sobremesa – rende 4 minipanelas

Merengue de frutas vermelhas

Ingredientes

4 claras

400 g de açúcar de confeiteiro

600 g de frutas vermelhas

50 ml de Grand Marnier

Itens necessários

tigela

batedeira

assadeira

Sugestão para servir

com açúcar de confeiteiro e chantili fresco

Bata as claras com o açúcar de confeiteiro até o ponto de neve. É importante que a tigela esteja fria e livre de gordura, para que as claras formem picos perfeitos. Coloque as minipanelas em uma assadeira e divida as frutas igualmente entre elas. Regue com Grand Marnier e misture levemente. Usando uma espátula, coloque uma porção generosa de claras em cada panelinha, finalizando com pequenos picos. Você pode conseguir esse efeito usando uma colher para levantar as claras em diversas partes. Coloque as minipanelas sob o grill por 10 minutos ou no forno a 200°C, até que o merengue esteja dourado. Preste atenção nas panelinhas para não deixar que os merengues fiquem muito escuros. Sirva sobre um prato decorativo com açúcar de confeiteiro e chantili fresco.

sobremesa – rende 4 minipanelas

Bolo de pera e amaretto

Ingredientes

4 peras pequenas
100 ml de água
4 colheres de sopa de amaretto
2 colheres de sopa de açúcar
200 g de manteiga
200 g açúcar mascavo
2 sachês de açúcar de baunilha
200 g de farinha de trigo com fermento
4 ovos
300 g uvas-passas hidratadas no conhaque

Itens necessários

panela
tigela
batedeira
assadeira

Sugestão para servir

com chantili e amaretto

Descasque as peras, mas não retire o talo. Despeje a água e o amaretto em uma panela grande. Acrescente o açúcar e leve ao fogo até ferver. Coloque as peras na água, com o talo para cima, tampe e deixe cozinhar por 20 minutos.

Bata a manteiga, o açúcar mascavo e o açúcar de baunilha até ficar leve e aerado. Peneire a farinha com fermento na mistura e bata bem. Acrescente os ovos, um de cada vez, misturando e batendo bem, até formar uma massa. Despeje uma fina camada da massa nas minipanelas e adicione uma camada de uvas-passas. Com cuidado, coloque uma pera sobre as passas. Complete com a massa. Coloque as minipanelas em uma assadeira e leve ao forno pré-aquecido a 200°C. Asse os bolos por 30 minutos até ficarem dourados. Sirva com uma porção generosa de chantili e um pouco de amaretto.

Edição: Flavia Lago
Editora-assistente: Marcia Alves
Receitas e fotografia: Floor van Dinteren, Floorabella
Tradução: Eni Rodrigues
Preparação: Elisa Martins
Revisão: Bia Nunes de Sousa
Design: Studio ImageBooks
Diagramação: Ana Solt

Título original: *Minipannetjes*

Rua Cel. Lisboa, 989 | Vila Mariana
CEP 04020-041 | São Paulo | SP
Tel.| Fax: (+55 11) 4612-2866
editoras@vreditoras.com.br

ISBN 978-85-7683-707-7

Impresso na China • Printed in China

Dados Internacionais de Catalogação na Publicação (CIP)
(Câmara Brasileira do Livro, SP, Brasil)

Minipanelas / Minipannetjes, Floorabella ; [traduzido por Eni Rodrigues]. -- São Paulo : Vergara & Riba Editoras, 2014.

Título original: *Minipannetjes*.
ISBN 978-85-7683-707-7

1. Culinária (Receitas) 2. Gastronomia I. Minipannetjes. II. Floorabella.

14-03523 CDD-641.013

Índices para catálogo sistemático:
1. Gastronomia : Receitas : Economia doméstica 641.013

Sua opinião é muito importante!
Mande um e-mail para
opiniao@vreditoras.com.br
com o título deste livro
no campo "Assunto".

Conheça-nos melhor em
vreditoras.com.br
facebook.com/vreditorasbr